Contenido

Cómo usar estos libros 4

Libros de prekínder

UNIDAD 1 ¡Yo! 5-6

UNIDAD 2 Útiles escolares............. 7-8

UNIDAD 3 En casa.................. 9-10

UNIDAD 4 Comida.................. 11-12

UNIDAD 5 Trabajadores del vecindario 13-14

UNIDAD 6 ¡Vamos! 15-16

UNIDAD 7 Granjas 17-18

UNIDAD 8 Estaciones del año 19-20

UNIDAD 9 Animales salvajes 21-22

UNIDAD 10 ¡Mantente en forma! 23-24

Conceptos de prekínder

Números........................ 25

Figuras geométricas 26

Colores 27

Sentimientos 28

Palabras que indican posición........ 29

¿Parte o entero?................. 30

Opuestos 31

Señales/Ayer, hoy, mañana 32

Cómo usar estos libros

Mis libros de palabras están diseñados para usarlos en grupos pequeños con niños que necesitan instrucción y práctica adicional para aprender palabras y conceptos básicos del español.

Para usar estos libros haga lo siguiente:

Paso 1 Arranque el libro por la perforación.

Paso 2 Doble el libro siguiendo la línea.

Paso 3 Lea el libro a los niños. Siga las instrucciones en la parte de abajo de cada página para realizar la instrucción y las conversaciones. Incluya objetos reales, tarjetas de fotos y acciones según sea adecuado. Dé a los niños múltiples oportunidades para escuchar, decir, pensar y usar las nuevas palabras y conceptos.

Paso 4 Guíe a los niños a medida que completan las actividades del libro. Converse con ellos mientras trabajan.

Paso 5 Dé los libros a los niños para que los lleven a casa y los compartan con sus familias.

Mi libro de palabras 1

¡Yo!

- cabello
- nariz
- boca
- mentón
- ojo

Instrucciones Señale cada parte de la cara, diga cómo se llama esa parte y pida a los niños que repitan en voz alta. Luego pídales que señalen el pelo, los ojos, la nariz, la boca y el mentón.

© McGraw-Hill Education   Ken Cavanagh/McGraw-Hill Education

Nombre _____

Instrucciones Pida a los niños que hagan un dibujo de sí mismos. Pídales que escriban o tracen su nombre sobre la línea.

Unidad 1 • Todo acerca de mí

4

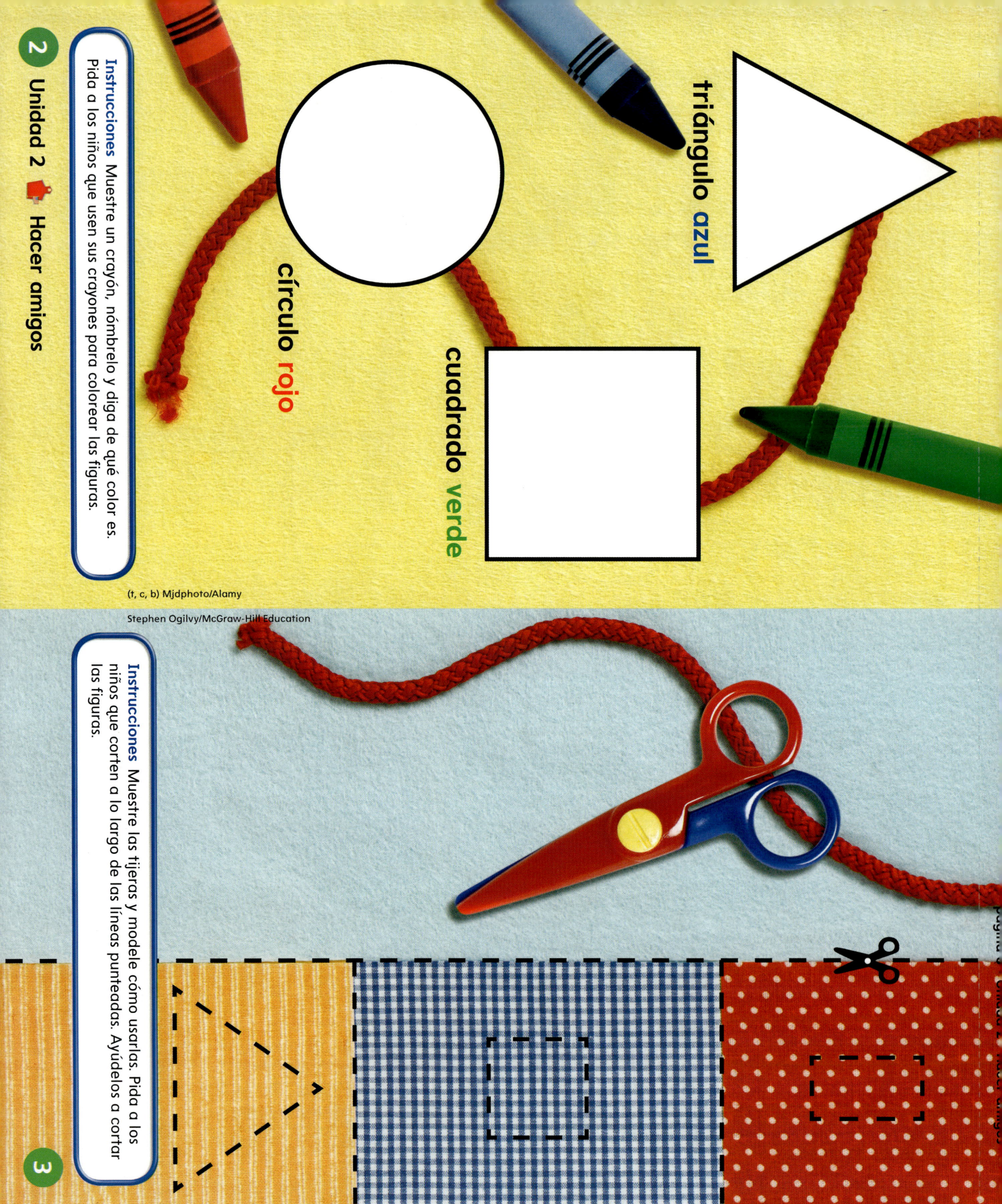

Unidad 2 — Hacer amigos

Instrucciones Muestre un crayón, nómbrelo y diga de qué color es. Pida a los niños que usen sus crayones para colorear las figuras.

círculo rojo

triángulo azul

cuadrado verde

(t, c, b) Mjdphoto/Alamy
Stephen Ogilvy/McGraw-Hill Education

Instrucciones Muestre las tijeras y modele cómo usarlas. Pida a los niños que corten a lo largo de las líneas punteadas. Ayúdelos a cortar las figuras.

¿Iguales o diferentes?

Nombre _____

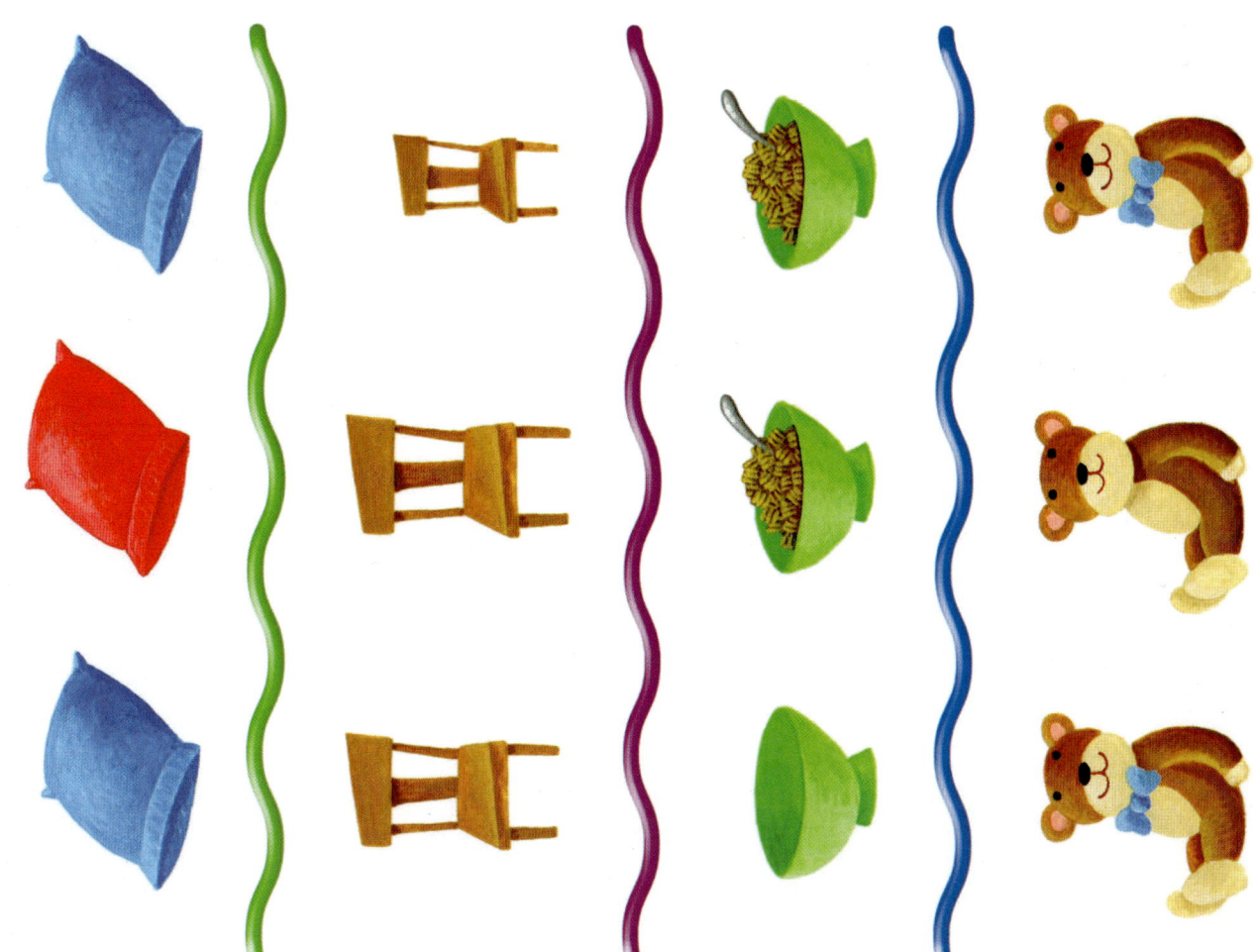

Instrucciones Pida a los niños que en cada fila encierren en un círculo la figura que es diferente.

4 Unidad 3 · Familias

En casa

Mi libro de palabras 3

Instrucciones Lea el título. Ayude a los niños a nombrar las partes de la casa, como puerta, ventana y techo.

© McGraw-Hill Education

1

Unidad 3 Familias

Instrucciones Repasen el nombre de los cuartos de la casa y los objetos. Nombre los objetos para que los niños los encierren en un círculo.

cocina

sala

Instrucciones Repasen el nombre de los cuartos y los objetos. Nombre los objetos para que los niños los encierren en un círculo.

baño

dormitorio

 **Unidad 4**  **Comida**

Almuerzo

manzana roja

rojo ◯

sándwich café

café ▢

leche blanca

blanco ▷

Instrucciones Pida a los niños que coloreen cada figura geométrica para que vaya con el color de la comida.

(t) Author's Image/Glow Images; (c) Ken Karp/McGraw-Hill Education; (b) PHONGSAKON/Shutterstock.com

(t) Ingram Publishing/age fotostock; (c) Photo by keith Weller, USDA-ARS; (b) Ken Cavanagh/McGraw-Hill Education

Cena

uvas moradas

morado ▷

ensalada verde

verde ▢

frijoles negros

negro ◯

Instrucciones Pida a los niños que coloreen cada figura geométrica para que vaya con el color de la comida.

Mi libro de palabras 5

Trabajadores del vecindario

Bombero

Policía

Instrucciones Nombre cada trabajador de la comunidad y los objetos que él o ella emplean en su trabajo.

Nombre _____

Quiero ser...

Instrucciones Pida a los niños que hagan el dibujo de un trabajo que les gustaría hacer.

Unidad 5 Nuestro vecindario

Unidad 5
Nuestro vecindario

Instrucciones Nombre cada trabajador de la comunidad y los objetos que él o ella emplean en su trabajo.

Doctor

Veterinaria

(t) Adie Bush/Getty Images; (b) Comstock Images/Alamy

(t) ©Image Source, all rights reserved; (b) Ken Cavanagh/McGraw-Hill Education

Instrucciones Nombre cada trabajador de la comunidad y los objetos que él o ella emplean en su trabajo.

Cocinero/Cocinera

Cartero

Mi libro de palabras 6

¡Vamos!

carro

Instrucciones Pida a los niños que tracen el recorrido que va a hacer el carro.

© McGraw-Hill Education

barco

Nombre _____

Instrucciones Pida a los niños que tracen el recorrido que va a hacer el barco.

Unidad 6 • Transporte

Unidad 6 — Transporte

Instrucciones Pida a los niños que tracen el recorrido que va a hacer el tren.

tren

Instrucciones Pida a los niños que tracen el recorrido que va a hacer el avión.

avión

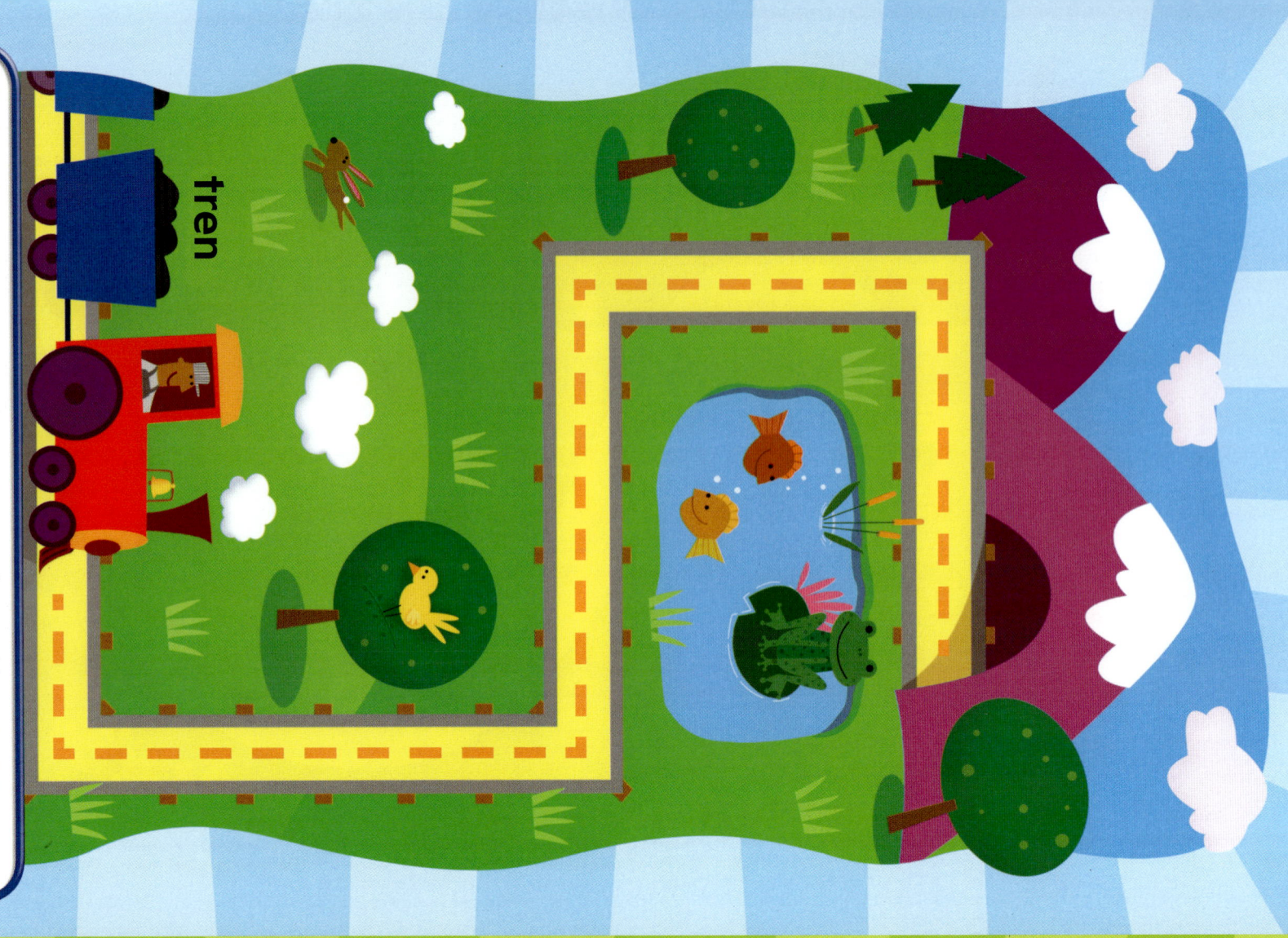

Mi libro de palabras 7

granjas

granero

Instrucciones Muestre el granero y diga de qué color es. Hable con los niños acerca de lo que es posible ver o hacer en una granja.

1

Nombre _____

Cuenta los bebés de animales.

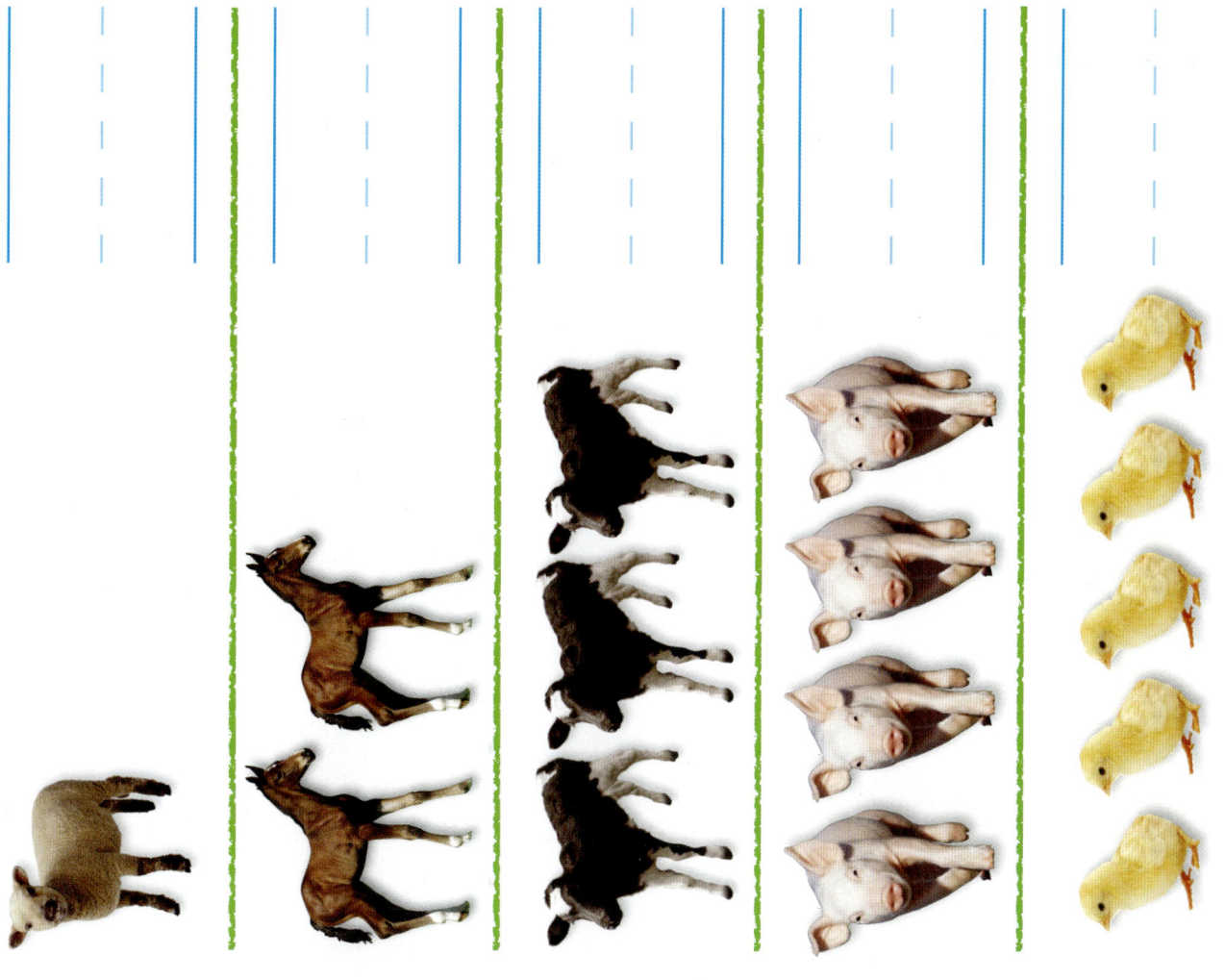

Instrucciones Pida a los niños que cuenten los bebés de animales y que escriban el número correcto sobre la línea.

Unidad 7 Animales de nuestro entorno

4

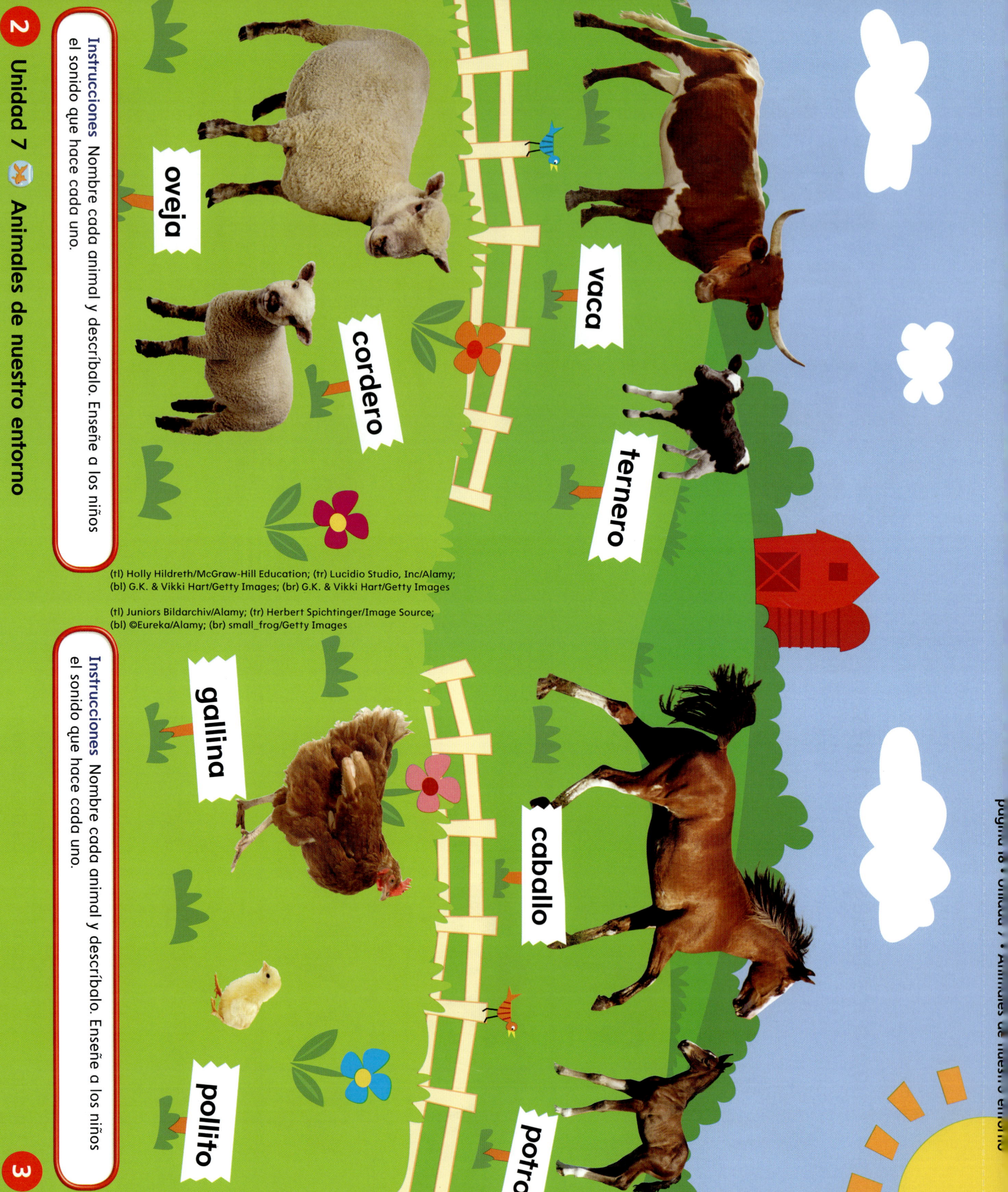

Estaciones del año

Mi libro de palabras 8

Primavera

- paraguas
- impermeable
- botas de hule

Instrucciones Nombre las estaciones e identifique el tipo de ropa que se usa. Pida a los niños que jueguen a vestirse con estas y otras ropas.

Otoño

- sudadera
- pantalones
- zapatos

Instrucciones Nombre las estaciones e identifique el tipo de ropa que se usa.

Unidad 8 · La naturaleza

Unidad 8 La naturaleza

Instrucciones Nombre las estaciones e identifique el tipo de ropa que se usa.

Verano
- anteojos de sol
- pantalones cortos
- zapatos
- calcetines

Invierno
- gorro
- bufanda
- abrigo
- guantes
- botas

Animales salvajes

Mi libro de palabras 9

Instrucciones Identifique el animal y diga dónde vive.

Nombre _____

Une el animal a la parte de su cuerpo.

Instrucciones Ayude a los niños a unir cada animal con la parte que corresponde de su cuerpo.

Unidad 9 • Animales salvajes

Unidad 9 • Animales salvajes

Instrucciones Identifique el animal y diga dónde vive.

WaterFrame/Getty Images

Oleg Molseyenko/Alamy

Instrucciones Identifique el animal y diga dónde vive.

¡Mantente en forma!

Mi libro de palabras 10

Haz ejercicio

Instrucciones Hablen de lo que hacen los niños en la foto y de la importancia del ejercicio en el mantenimiento de la salud.

Nombre _____

Ve al dentista

Cepíllate los dientes

Instrucciones Conversen acerca del trabajo del dentista y de cómo cepillarse los dientes. Pida a los niños que muestren cómo se cepillan los dientes.

Unidad 10 Salud y forma física

Unidad 10 Salud y forma física

Instrucciones Conversen acerca de la importancia de dormir mucho y de descansar.

Duerme

Jan Andersen/Getty Images

Anton Vengo/SuperStock

Instrucciones Conversen acerca de las comidas saludables y las que dañan la salud. Muestre fotos de alimentos para que los niños los clasifiquen.

Come comida sana

Nombre _____

Números

1 uno
2 dos
3 tres
4 cuatro
5 cinco
6 seis
7 siete
8 ocho
9 nueve ...
10 diez

Nombre _____

Figuras geométricas

 círculo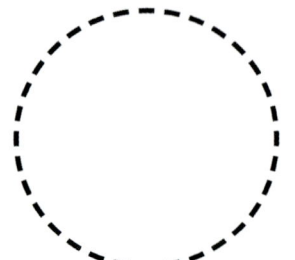

 triángulo

 cuadrado

 rectángulo

 rombo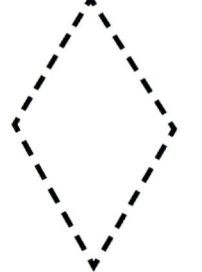

Nombre _____

Colores

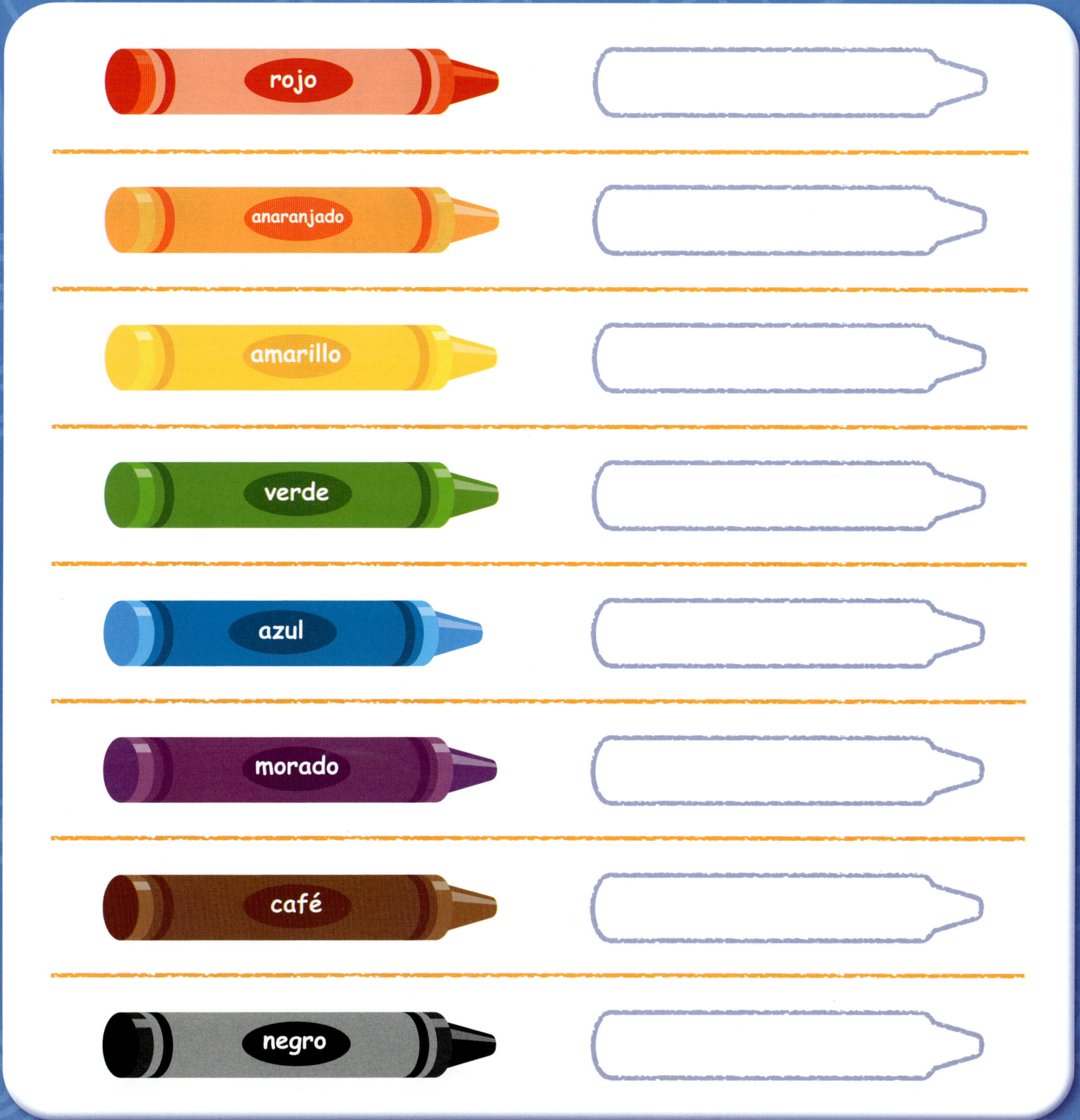

- rojo
- anaranjado
- amarillo
- verde
- azul
- morado
- café
- negro

Nombre _____

Sentimientos

cansado

feliz

asustado

sorprendido

enojada

triste

Dibuja cómo te sientes.

Nombre _____

Palabras que indican posición

¿Dónde está cada animal?

29

Nombre _____

¿Parte o entero?

Nombre_____

Señales

Ayer, hoy, mañana

¿Qué día es hoy?
¿Qué día fue ayer?
¿Qué día será mañana?

Octubre

Domingo	Lunes	Martes	Miércoles	Jueves	Viernes	Sábado
10	11	12	13	14	15	16

32